AF611938

HISTOIRE
DE LA
CAMPAGNE
DE

Mille sept-Cent cinquante-huit;

CONTENANT

TOUS LES EVENEMENS QUI SE SONT PASSE'S DEPUIS LE PREMIER JANVIER JUSQU'AU VINGT MARS,

ENTRE

LES TROUPES FRANCAISES, HANOVRIENNES ET PRUSSIENNES.

* *

A FRANCFORT ET LEIPSIG,

AUX DEPENS DE LA COMPAGNIE,

M DCC LVIII.

4.

I 14 [illegible]

A. M. S.

Recevez cet Ecrit, reſpectable *Sophie*,
Vous qui joignez à l'heureux don
De l'aimable Philoſophie,
L'art précieux d'embellir la Raiſon ;
Et qui, loin des apprêts de la Coquetterie,
Fuyez l'inſipide jargon,
Et la froide monotonie,
Qu'on nomme, fauſſement, le ton
De cet Etre appellé *la bonne compagnie*,
Dont je vois qu'en tous lieux on uſurpe le nom.

J'ai offert, à l'amitié, les deux premiéres parties de cet ouvrage, je rougirois qu'un autre ſentiment m'arrachât l'homage de la troiſiéme.

Laiſſons là ces auteurs, dont le métier fatal
Eſt d'encenſer dans de froides Epitres,
La pourpre ou le manteau ducal.

L'honneur & la vertu, ce ſont là les vrais titres :
Je ſais, qu'avec eux ſeuls on n'eſt pas introduit
A *Malte*, ni dans ces Chapitres
Où le Rang, quelques fois, ſe paſſe de l'Eſprit ;
Mais ce bizare orguëil n'ébloüit le ſage :
Le merite d'un Grand, fixe ſeul ſon homage ;
Et ſi ce Grand eſt ſans vertus,
Sa nobleſſe, à mes yeux, eſt un vice de plus.

Tels ſeront toujours mes ſentimens ; je ſerois indigne de votre Eſtime, ſi j'avois la baſſeſſe d'en admettre d'autres.

J'ay l'honneur d'être,

M. C. S.

Votre très humble & très obéïſſant ſerviteur,

Chevrier.

AVERTISSEMENT

Qu'on doit distinguer d'une PREFACE; c'est-à-dire qu'il est fait pour être lû.

Depuis la troisième Edition de l'histoire de la Campagne de l'Armée combinée, il a parû quelques critiques. L'une est, dit-on, du Sieur Mayer, *Medecin de la ville de Deux ponts: cet homme, qui pour le bonheur du genre humain, n'exerce point son metier, a prétendû que mon Ouvrage ne pouvoit rien valoir, parceque j'étois catholique. Je veux croire que ce reproche pourroit être fondé, s'il s'adressoit à un auteur qui écrit sur des matières de Controverse; mais en fait d'histoire purement militaire, la croyance d'un Ecrivain est aussi indifferente à son stile, que la couleur de l'habit qu'il porte; je pense qu'un Protestant peut faire un bon Ouvrage, & qu'un medecin seroit capable de donner une critique judicieuse, s'il s'ecartoit du ton que le Sieur* Mayer *a pris.*

L'autre parait plus importante: inserée dans les deux gazettes allemandes que la Regence de Berlin *publie toutes les semaines, je l'avois d'abord attribuée aux nommés* Krauss & Liberzuhm, *vils gazetiers payés*

A 2 *par*

par le Ministére, pour dire des injures à la France, des fadeurs à l'Angleterre, & des mensonges à l'Allemagne ; mais on m'écrit de Berlin, que la Regence a fourni, elle-même, cet article. Cela n'étonnera point ceux qui connoissent le Roi de Prusse & ses Ministres.

Il y a longtems qu'on sait, que Frederic, né avec des talens superieurs, embrasse tout. Ce Monarque, duquel on peut dire avec verité, ceque Boileau disoit, peut-être avec adulation, de Louis XIV.

Qu'à l'exemple des dieux
Il voit tout, par luy-même, & fait tout par ses yeux.

Le Roi de Prusse a des Ministres dans sa Cour, comme il a des Chapelains dans ses Armées ; espéce d'hommes qu'on paye pour ne rien faire : mais sa Majesté voulant donner à la Regence de Berlin des marques essentielles de ses bontés, luy permet gracieusement d'employer ses veilles à la composition de la Gazette ; occupation importante, digne d'un Ministère aussi éclairé. On dit que nous avons, en France, une Academie de Savans, qui dédaignant des frivolités de la phisi-*

* Voiez les Memoires de Troyes.

phisique, s'attachent, utilement, à commenter les gazettes qui courent dans l'Europe; cette société est, probablement, l'Ecole politique, dans laquelle les jeunes gens qui aspirent au Ministère de Berlin, viennent se former.

On me permettra, cependant, d'observer ici, que ces Messieurs ont mal servi les interêts de leur Maître, en me critiquant moins sur ce que j'avois dit, que sur ce que j'avois à dire. En effet il y a beaucoup de maladresse en détaillant l'affaire d'Halberstadt, qu'ils ont exagérée, de prévenir que j'aurai l'impudence *de colorer encore, la conduite des François, & d'excuser* une entreprise où l'on couroit plus à l'argent qu'à la gloire: action heroïque, *poursuit ironiquement le Ministère de Berlin,* digne des Liberateurs de l'Allemagne & des Deffenseurs du genre humain.

En voulant prevenir contre moi le Public sur l'affaire d'Halberstadt, dans laquelle le Maréchal de Richelieu & le Marquis de Voyer n'ont point été menagés, on a bien senti que je ramenerois les choses à l'exacte verité, & que pulverisant les relations de la Regence de Berlin, je ferois voir que ces Ministres ne sont pas même en état de faire des gazettes, Privilége important, que le Roi de Prusse pourra bien leur retirer.

La première fois que ces Messieurs m'honorérent de leur attention, je trouvai le trait plaisant, & je voulûs même envoyer un Ecû aux gazetiers, pour m'avoir fait rire à mes depens; mais aujourd'huy on employe des expressions indécentes contre la Nation, & contre l'auteur qui écrit l'histoire des operations, sur les Mémoires que les Generaux luy fournissent. Ce Parti affiché de l'humeur; les Gazetiers ne doivent jamais en montrer: que la Regence de Berlin écrive des nouvelles, c'est son lot; mais qu'elle n'en publie point de fausses, ou qu'elle craigne d'être encore démasquée.

HISTOIRE
DE LA
CAMPAGNE
DE
Mil ſept Cent Cinquante huit ;

Contenant

Le detail important des Operations des trois premiers mois de cette année.

On a vû dans le dernier volume de ces Mémoires hiſtoriques, que le Maréchal Duc de Richelieu ayant forcé l'Ennemi d'abandonner l'Aller, ſon premier ſoin avoit été de faire cantonner ſes troupes, excedées par les fatigues d'une campagne penible. Ce General vint le premier Janvier mil ſept cent cinquante huit, avec douze mille hommes, établir ſon quartier à Hanovre; les differentes poſitions qu'il avoit fait prendre à ſes troupes, devoient le rendre maître de tout le cours de l'Aller, depuis le Wezer juſqu'à l'Ocker.

L'Evénement vient de montrer, qu'on s'étoit trompé dans cet arrangement, ou dumoins, que lorſqu'on la fait, on n'avoit pas prévû tout; origine malheureuse d'une Evacuation, sur laquelle la cour de Versailles ne pouvoit compter. Mais reprenons, sans partialité, le fil des Evenemens, & continuons à être vrai; c'est, sans doute, le moyen de déplaire à quelques uns, mais on ne veut icy meriter que le suffrage des honnêtes gens, qui aiment la verité.

Le Maréchal de Richelieu établi à Hanovre, porta ses regards sur la position des Ennemis, & ses observations produisirent deux manœuvres, que je détaillerai bientôt. Pendant que les Armées jouïssoient d'un repos qu'elles tentoient, à chaque instant de troubler, les negotiations relatives aux differens objets de cette Guerre occupoient plusieurs Cours. Plusieurs millions, que des amis des Cours de Londres & de Berlin sont violemment soupçonnés, d'avoir voulû faire passer aux Prussiens & aux Hanovriens, furent transportés le quatre à Wezel, où ils doivent rester en depôt, jusqu'à ce que sa Majesté Très-Chretienne en ait decidé la restitution ou la confiscation. Les Etats Generaux ont pris part dans

cette

cette affaire, ſous le prétexte, que cet argent formoit des remiſes que des Negotians d'Amſterdam expedioient à Hambourg ; mais quelque conſiderable que ſoit le commerce de cette ville celébre, il ne comporta jamais en une ſeule fois, des ſommes auſſi fortes que celles qu'on a ſaiſies. On doit la priſe de cet argent à l'activité de Mr. de Beauregard de Belle-Isle, Commiſſaire des Guerres, chargé de la police des Troupes qui ſont à Osnabruck.

Le Roi de Pruſſe, dont la ſagacité embraſſe tout, avoit penſé que l'Avénement d'un nouveau Sultan à l'Empire Ottoman, étoit une circonſtance dont il pouroit profiter contre l'Impératrice Reine & la Czarine; pour cet effet on a eſſayé d'inſpirer de l'ombrage au nouveau Sultan: mais on n'a pas réuſſi à luy faire prendre le change, & cet Empereur a parû beaucoup mieux informé qu'on ne vouloit qu'il ne fût ; en effet, le Roi de Pruſſe ne penſoit guères qu'un Prince enfermé depuis ſa naiſſance dans une priſon, où pour tout amuſement on luy avoit permis de faire des ſou-

 liers,

liers,* connût, quinze jours après ſon avénement au trône, la vraie ſituation de l'Europe. Son humeur pacifique, & le caractére d'équité, dont il ne ceſſe de donner des marques, font eſperer aux deux Puiſſances, contre leſquelles on vouloit l'aigrir, un voiſin qui ne dementira point les vuës de ſon Prédéceſſeur.

Tandis que la Cour de France, toujours fidelle à ſes engagemens, & conſtante dans ſes Traités, faiſoit paſſer trente mille hommes de milice dans l'Electorat d'Hanovre, elle ordonnoit les diſpoſitions neceſſaires pour qu'on aſſemblât, promtement, une Armée de vingt-quatre mille hommes, deſtinée à operer dans la Bohême. Le Prince de Soubiſe la commendra en chef: tous les honnêtes gens qui le connoiſſent, en attendent les ſuccès, que ſa ſageſſe, & la liberté qu'il aura d'agir ſeul, doivent luy promettre.

L'Empereur, de ſon côté, uſant de l'autorité plénière qui reſide dans ſa perſon-

* C'eſt un uſage inviolable à la Porte Ottomanne, que tout Prince du ſang imperial eſt obligé d'apprendre un métier; le Sultan dernier mort, faiſoit des filets de pêcheur, celui-cy étoit cordonier.

ſonne, remplit avec un zèle prévoyant la qualité de pere de l'Empire, qu'il mérite à ſi juſte titre. Le nouveau Decret que je vais extraire, prouve combien ſa Majeſté Imperiale eſt attentive à ſecourir les Membres de l'Empire opprimé.

C'eſt ainſi que François I. parle à la Diette de Ratisbonne ; „ on n'apperçoit „ que trop clairement, le deſſein formé „ par le Roi de Puſſe, Electeur de Bran-„ debourg, de porter ſa *Rebellion* jusqu'-„ au dernier période ; il eſt, par conſe-„ quent, neceſſaire de s'y oppoſer par „ tous les moyens poſſibles, & de faire „ ſervir à cet uſage, toutes les forces „ qu'on peut y emploier. Sa Majeſté „ Impériale par ſon Reſcrit du trente-un „ mai mil ſept cent cinquante ſept, a „ déja averti les Cercles du haut-Rhin „ & de Soüabe, du projet que le Roi de „ Pruſſe Electeur de Brandebourg, ſem-„ bloit avoir formé, de faire des irruptions „ ſucceſſivement, dans tous les Etats de „ l'Empire, pour tirer d'eux, en les ra-„ vageants, des nouveaux ſecours, con-„ traindre leurs ſujets ruïnés à prendre „ parti dans ſes troupes, & cauſer, par „ ce

„ ce moyen, la perte totale de l'Empire.
„ Sa Majesté Impériale s'attend donc,
„ que les Electeurs, Princes & Etats de
„ l'Empire, en general, & chacun d'eux
„ en particulier, persisteront dans le zèle
„ qu'ils ont fait paroaître jusqu'à présent,
„ & qu'ils redoubleront leurs efforts,
„ pour donner au General de l'Empire
„ les secours nécessaires pour l'entretien
„ des Troupes, & tout ce qui est requis,
„ afin de s'opposer avec toute la vigueur
„ possible à un *Electeur qui menace tout*
„ *l'Empire* &c.

Ce n'est point icy le langage de la passion, c'est un Chef de Famille qui parle à des Enfans qu'il aime, & qu'il veut garentir des périls dont ils sont menacés. Il parait déja, que le Corps germanique, sensible à cette attention, fait les plus grands efforts pour justifier qu'il en est digne.

J'ai dit que le Marechal de Richelieu, en observant la position que les Ennemis tenoient, dans les premiers jours de Janvier, avoient medité deux opérations, qui pouvoient également les inquiéter ; je veux parler d'Halberstadt & de Bremen.

Le

Le Projet de la prémiere Entreprise fut donné par le Comte Turpin, dont j'ay déja parlé dans les deux premières parties de cette histoire; homme singulier, qui dans les horreurs de la Guerre, qu'il fait avec distinction, compose des vers dignes de nos plus grands Maitres.

L'Expédition d'Halberstadt, contre laquelle le Ministére, réuni aux gazetiers de Berlin, a déclamé avec tant d'indécence, mérite d'être détaillée. Les Prussiens ont voulû, dans leur écrit, exciter la pitié; je ne prétens interesser ici que la verité: on verra que, malgré les apostrophes dont la Regence de Berlin daigne m'honorer, je suis incapable de dissimulation.

Le Maréchal de Richelieu voulant tout-à la fois faire prisonniers près de trois mille hommes qui étoient dans Halberstadt, faire payer les Contributions que cette ville redevoit, assurer la tranquilité des quartiers dans la partie de Brunswick & de Wolfenbuttel, & inquiéter en même tems les Prussiens, chargea le Marquis de Voyer, Maréchal de Camp, de cette Expedition importante.

Il

Il eſt à remarquer, que cet Officier general, à qui le Maréchal de Richelieu communiqua le Projet, dont il vouloit le charger, fit, pour en aſſurer le ſuccès, les mêmes diſpoſitions que le Comte Turpin avoit precédemment meditées: *vous verrez mon cher Turpin, que les diſpoſitions de Monſieur de Voyer ſont conformes à votre plan.* *

Le Marquis de Voyer partit de Wolfenbuttel où il commandoit, avec onze Bataillons, trente-ſix piquets, deux regimens de Cavalerie, & les houzards de Turpin.

Le dix toutes ces troupes furent portées ſur le haut-Ocker, de façon quelles barroient tous les chemins, & ſuſpendoient toute communication qui eût pû déceler le projet. Le même jour, à l'entrée de la nuit, elles furent miſes en mouvement ſur trois colonnes.

Celle de la droite aux ordres du Comte Turpin, celle du centre (que la gazette publiée par la cour de France a miſe mal-à propos ſous le commendement du Marquis

* Regître des minuttes de lettres du Maréchal de Richelieu, du mois de Janvier 1758.

quis de Langeron) étoit aux ordres de Monſieur de Baxéra, Officier dans les troupes de l'Imperatrice Reine *roulant* avec les brigadiers. Il eſt vrai que le Marquis de Langeron devoit commander cette colonne; mais ſa ſanté ne luy permit point de ſuivre ſon inclination. Le Marquis de Voyer marchoit avec cette colonne. Celle de la gauche, étoit aux ordres du Vicomte de Belſunce, Brigadier des Armées, & Colonel du Regiment d'Infanterie de ſon nom.

Le Comte Turpin avoit ſous luy le Regiment de Royal Baviere Infanterie, & celui de Moutiers Cavallerie, avec trois cent houzards de ſon Regiment, quatre Compagnies de Grenadiers & huit piquets, qu'on avoit faits ſortir le Gosiar, ville de la baſſe Saxe, remarquable par la découverte dangereuſe qu'un Moine y fit de la poudre à canon.

Cette colonne déboucha de Schalden, & dirigea ſa marche par Stapelnbourg, Dechrembourg; &, laiſſant le ruiſſeau d'Hottheim ſur la gauche, il devoit ſe porter vis-à vis la porte d'Halberſtadt, qu'on nomme Quedlinbourg. La colonne du centre

centre étoit composée de deux bataillons autrichiens du regiment de Condé Infanterie, des grénadiers royaux de Bergeret, & du Regiment de Berri cavalerie, avec cent houzards de Turpin, & un détachement du corps royal; elle deboucha par Hornbourg, & dirigeant sa marche par Osterwick & Zillingen, elle devoit se porter à la porte d'Halberstadt, qui est en face du chemin d'Osterwick; quatre piéces de canon & un petard devoient servir à faire sauter cette porte.

Le Vicomte de Belsunce avoit, à la colonne de la gauche, les quatre bataillons de son regiment, six compagnies de grenadiers, vingt piquets, & quatre cent maitres, qu'on avoit tirée de Brunswick. Cette colonne deboucha d'Achum, & dirigeant sa marche par Kowisdam, elle devoit, en laissant les bois d'Huisbourg à sa droite, passer le ruisseau d'Hottheim au-dessous d'Halberstadt, & s'en aller masquer la porte qui va à Groningue.

Ces trois colonnes déboucherent, en même tems, à l'heure marquée; &, comme je l'ai observé plus haut, le Marquis de Voyer marcha à celle du centre, le

Com-

Comte Turpin arriva avec ſes troupes à ſix heures du matin à ſa deſtination ; mais les deux autres colonnes rencontrèrent en chemin des glaces, qui leur causèrent un retard ſi conſiderable, qu'elles ne purent arriver que le onze à midi.

Les Pruſſiens, cependant, étoient fort tranquilles; une de leurs patroüilles qu'ils avoient envoyée juſqu'à Oſterwick, vint leur dire qu'il n'y avoit rien de nouveau; & ce rapport ne ſervoit qu'à redoubler la ſécurité dans laquelle ils étoient : mais une ſeconde patroüille ayant trouvé à la pointe du jour l'Avant-garde du Corps commendé par le Comte Turpin, alla répandre l'allarme dans Halberſtadt. L'Ennemi ſe détermina d'évacuer la ville; mais non pas avec la précipitation qu'on a mal à-propos affecté de lui attribuer. Les Pruſſiens, qui vouloient aſſurer leur retraite ſur Aſchersleben, firent ſortir leurs houzards par la porte de Quedlinbourg, & les envoyèrent ſur les troupes du Comte Turpin ; ces houzards chargèrent effectivement les François, & firent les plus grands efforts pour les contenir, jusqu'à ce que la ville d'Halberstadt fût totalement évacuée.

Le Comte Turpin, qui ne fut point la dupe de cette manœuvre, jugea bien qu'elle ne servoit qu'à faciliter la retraite; & voulant s'assurer, positivement, de la route que les Prussiens alloient prendre, il fit charger vertement leurs houzards, qui occupoient une créte, qu'il importoit de gagner. Ceux-cy, obligés d'abandonner ce poste, le Comte Turpin y avança promtement, de sa personne, & s'apperçut que les Ennemis étoient en pleine marche sur Aschersleben; ses troupes entrèrent dans la ville à huit heures & demie du matin, & s'emparèrent des cinq portes.

Le grand objet de cette expédition, qui regardoit la prise des trois mille hommes qui étoient dans Halberstadt, a été manqué, par le malheureux retard des deux autres colonnes. Si celle du centre & la gauche avoient eû le bonheur d'arriver en même tems que celle du Comte de Turpin, il ne se seroit pas échappé un seul prussien. Le Marquis de Voyer arriva vers midi, ainsiqu'on l'a deja observé;

vé ; & voulant ſuivre efficacement les inſtructions que le Maréchal de Richelieu luy avoit données, il tira deux cent mille Ecus d'allemagne, à compte des contributions que la ville d'Halberſtadt devoit aux François lorſque ceux ci l'évacuèrent un peû trop précipitemment. Cette ſomme excita les premiers murmures; les Bourgeois alléguèrent l'impoſſibilité de fournir des contributions auſſi exceſſives. Ce moyen, naturel à ceux dont on veut tirer de l'argent par force, fut inutilement & ſans doute fauſſement employé, puiſque la ſomme ſe trouva. Cette operation faite, le Marquis de Voyer fit diſtribuer aux troupes, par forme de gratification, ſoixante dix mille rations de pain, que les Pruſſiens n'avoient pû emporter, & il fit mettre le feu à un magazin conſiderable d'échelles toutes neuves, deſtinées, ſans doute, à quelque entrepriſe ſecrette.

Comme il étoit important d'empêcher les Ennemis de revenir s'établir dans Halberſtadt, le Marquis de Voyer fit abattre huit cent toiſes du mur qui formoit l'enceinte de cette ville; toutes les portes en ont été brulées, & les pilaſtres qui les ſoutenoient furent abatus.

Cette expedition, & le départ de ſix citoyens que le Marquis prit en ôtages pour ſeureté dus ſurplus des contributions, excitérent de nouveaux cris: la Regence d'Halberſtadt les porta juſqu'au trône du Roi; mais ce Monarque, occupé à des grands objets, les renvoya au Miniſtère de Berlin, qui publia, à cette occaſion, la piéce éloquente dont j'ai parlé dans l'Avertiſſement.

Cette piéce, où les contributions ſont exagerées, ſans doute pour jetter des ſoupçons ſur le Marquis de Voyer, n'eſt pas digne de la moindre croyance. Cet Officier general a rempli ſa commiſſion avec autant d'intelligence que de déſintereſſement, & j'ai vû par les regîtres du Maréchal de Richelieu, que les deux cent mille Ecus, qui luy ont été remis le dix-ſept par le Marquis de Voyer, ont formé toute la ſomme que la ville d'Halberſtadt a payée; d'ailleurs ſi les relations de Berlin pouvoient en impoſer aſſez pour meriter qu'on les anéantît, le Temoignage du Sieur Dudick, homme qui joüit de la con-

confideration la plus grande dans ſa patrie, & celuy des autres ôtages, ſuffiroient pour démentir des Ecrits dignes, ſeulement, d'être conſignés dans les faſtes mépriſables des gazetiers de Berlin.

La modération peut ſeule perſuader, & malheureuſement les Miniſtres ſubalternes de cette cour, ne la connoiſſent point; qu'ils apprennent, une fois pour toutes, que les détails exagerés, & toujours injurieux, nuiſent à leur maître, qu'ils croyent ſervir; ils peuvent, pour me remercier de l'avis que je leur donne, continuer à m'attaquer dans leurs Mémoires apologétiques : je declare, bien ſolemnellement, que je ne leur répondrai plus; le Public me ſauroit mauvais gré d'employer auſſi mal des veilles, qu'il veut que je conſacre à des objets plus dignes de ſon attention. Pourſuivons.

Le fort de Regenſtein étoit entré, pour quelque choſe, dans le projet de cette expedition; les François crurent avoir fait un coup de parti en y jettant des vivres pour ſix mois; précaution très inutile, comme on le verra plus bas.

Le Marquis de Voyer détacha le douze

le Comte Turpin avec une partie des troupes qui composoient sa Colonne, à Quedlinbourg, position de guerre, où il devoit contenir l'Ennemi retiré à Aschersleben. En y arrivant cet officier reçût une députation des bourguemaitres, qui luy demandèrent un état des sommes qu'il exigeoit. Le Comte Turpin repondit, qu'il ne vouloit, absolument, que la subsistance de la troupe, & une quantité suffisante de chariots à l'effet de transporter les matières qu'il vouloit enlever; mais il ajouta, qu'il prétendoit exempter le Chapitre des chanoinesses, de cette fourniture, par respect pour la Princesse Amélie, sœur du Roi de Prusse, qui en est abesse.

Frederic, toûjours sensible aux bons procedés, & distinguant l'homme aimable, & le guerrier honnête, de l'Ennemi, fit dire au Comte Turpin par le colonel Junkheim, qu'il étoit enchanté du bon ordre qu'il tenoit quand il étoit dans ses Etats; il est seulement à regretter, qu'un compliment aussi flateur ait été fait à cet Officier le jour même que son poste de Hornburg fut surpris, comme nous le dirons bientôt.

Le

Le Marquis de Voyer eut à peine terminé l'Expédition d'Halberſtadt, qu'il vint à Hanovre en rendre compte au Maréchal de Richelieu, & retourna de là à Wolfenbutel, où il ſe flattoit ſans doute, de demeurer plus longtems; mais les précautions les mieux concertées ne ſuffiſent pas, quand on a un Ennemi tel que le Roi de Pruſſe. Ce Monarque, du ſein des plaiſirs tranquiles de Breslau, dirige ſes Armées, & il donne le mouvement aux Hanovriens.

La ſincérité avec laquelle on écrira ces Mémoires pendant toute cette Guerre, ne permet point de diſſimuler icy, que l'affaire d'Halberſtadt, contre laquelle le Roi de Pruſſe s'étoit plaint luy-même, anima les Hanovriens. Ce moment fut celuy où les deux Puiſſances renouvellèrent leurs cris contre les vexations qu'elles prétendirent que les Officiers-Generaux français commettoient partout; on ôſa même faire imprimer une Piéce volante ſous le titre de *Piratèries des françois dans l'Electorat d'Hanovre.*

Je ne parle point des chanſons qui coururent ſur la fin du mois de Janvier, c'eſt

 une

une consolation qu'on doit laisser aux malheureux, quand elle ne passe point les bornes d'une gaieté honnête: lorsque le Cardinal Mazarin, qui joignoit à l'astuce italienne la Politique d'un Ministre, avoit fait publier un Edit bursal, il demandia à ses favoris ce qu'on disoit dans Paris; *on chante*, luy repondit on: *tant mieux*, repartit le Cardinal dans son Jargon, *s'ils chantent la cansonette, ils payeront.* Le vaudeville est la ressource des peuples qui n'ôsent en employer d'autres.

Sans prétendre donner icy l'apologie de la nation française, je dirai qu'il y a fort peu de tems qu'on luy fait le reproche d'aimer l'argent. Il faut tout dire, cette accusation n'est pas sans fondement.

De tous les vices, le plus bas est l'interêt; est il fait pour un peuple bien faisant & poli? non sans doute; aussi ne doit-on pas rejetter sur le Ministère les fautes de quelques particuliers, ou peut-être celles de leurs domestiques: je connois plus d'un Officier General qui s'est degradé par une complaisance servile pour un secretaire malhonnêt-homme.

Les friponneries d'un particulier qui jouït

joüit de la confiance d'un Commendant, foulévent les peuples; ils se plaignent: & comme l'exaction est toujours faitte au nom du maitre, l'Officier-General passe quelques fois, en se ruïnant, pour une ame intéressée. J'ay vû dans la derniére guerre, l'Intendant d'une Armée vendre à Paris une maison, pour soutenir les dépenses auxquelles sa place l'obligeoit, & passer dans toute l'Armée pour un homme qui aimoit l'argent. Cependant cet Intendant dérangeoit ses affaires, dans le tems même que les reproches du militaire étoient fondées; mais on devoit les addresser aux secretaires de ce Magistrat, sur la probité desquels il avoit trop compté.

Qu'on ne s'imagine pas, que vil Complaisant des Grands, je veüille toujours rejetter l'argent que les Officiers-Generaux retirent des Païs ennemis, sur la souplesse de leurs Secretaires; il en est, qui oublient qu'ils sont français . . . Je m'arrêre; mais si les plaintes continuoient, j'aime assez la vérité pour les faire ressouvenir de leur devoir.

On n'exige point de tous les Officiers-

Generaux le desintéressement d'un Prince de Soubise, qui ne tire pas même ceque les ordonnances du Roi luy accordent ; mais on veut proscrire tout ce qui a l'air de la concussion, procedé odieux, que la Cour ignore & qu'elle réprime, dès qu'elle en est informée.

Le Roi de Prusse & les Regences de Hanovre & de Cassel, en se plaignant des françois ne pouvoient, tout au plus, citer que quelques particuliers, que sa Majesté Chretienne est bien éloigné d'autoriser, comme on a pû le voir; mais les Saxons, les sujets du Duché de Meckelbourg, & la ville d'Hildesheim, accablées de Contributions exorbitantes & de livraisons excessives, se plaignent uniquement contre le Roi de Prusse : la ruïne de ces différens Païs est l'ouvrage de Frederic; au lieu que les petites vexations dont on murmure, peut-être avec raison, ne sont que le crime de quelques particuliers.

On ôse suplier le Roi de Prusse, de vouloir bien considerer l'état actuel de la Saxe, avant de se plaindre des contributions que les Français tirent ailleurs. En voilà

voilà aſſez ſur un objet, que j'aurois bien voulû pouvoir paſſer ſous ſilence. Reprenons le fil des opérations.

Le Maréchal de Richelieu fut informé le dix, que le Prince Ferdinand de Brunswick, avoit conçu le projet de s'emparer de Bremen, ville libre, ainſi que je l'ai dit dans le premier volume de cet ouvrage, & protégée par le Roi de Dannemarck.

Les Hanovriens, maitres de cette ville, empêchoient les François de ſoutenir leurs quartiers ſur le bas-Aller, & coupoient néceſſairement la communication avec l'Ooſt-Friſe; ces deux objets étoient trop importans, pour ne pas mériter toute l'attention du Maréchal de Richelieu; en conſequence il envoya ordre au Duc de Broglio, de prévenir le Prince Ferdinand de Brunswick. Cet Officier-General fit marcher le quinze avant le jour au village de Walle, le Régiment de Cambreſis, treize compagnies de grenadiers, deux Regimens de cavalerie, & le corps des Volontaires Royaux, aux ordres du Comte de Chabot, cet homme de guerre ſi diſtingué par ſa bravoure & ſon intelligence, que l'on loüe toujours,

&

& qu'on ne flatte jamais. Les chasseurs Hanovriens, qui étoient au village de Groppel, se retirèrent aussitôt qu'ils virent le Chevalier de la Touche, Maréchal de Camp, déboucher du village de Walle, à la tête des troupes dont on vient de parler, & se replièrent sur le village de Hosselhausen, dont l'entrée étoit deffenduë par quelques troupes de cavalerie, & environ six compagnies d'Infanterie Hanovrienne. Après une Escarmouche assez vive entre les Chasseurs français & les hanovriens, ceux-cy obligés de traverser le village de Hosselhausen, se retirèrent avec précipitation. Le Chevalier de la Touche, qui vouloit connoitre les forces de l'ennemi, le suivit en homme de guerre, & tourna le village par la droite avec une division des Volontaires Royaux. Cet Officier General en eût à peine dépassé la hauteur, qu'il apperçut dans la plaine du village de Cramke un corps, qu'on évalua à deux mille hommes, & quelques troupes de cavalerie.

Le Duc de Broglio jugeant, avec raison, que les forces des Ennemis étoient supérieures aux siennes, ne trouva pas à pro-

propos de laiſſer dépaſſer Hoſſelhauſen par d'autres corps que celuy des Volontaires Royaux. Dans l'inſtant qu'on examinoit les mouvemens des Hannovriens, une troupe de cavalerie fit un mouvement, & demaſqua une batterie de ſix pièces de canon de Regiment, qu'ils tirèrent ſans fruit; une ſeconde décharge ſuivit cette prémiére, & ne fut pas plus heureuſe. Tandis que les Hanovriens s'imaginoient, que le Duc de Broglio leur en vouloit, celuy-cy ſoigneux de cacher ſon véritable deſſein, marcha à la fin du jour dans le fauxbourg de Bremen; &, ſans perdre de tems, il fit ſommer les Magiſtrats de recevoir les troupes françaiſes dans leur Ville.

Cette Requiſition ne fit point d'abord l'effet qu'on en avoit attendû; les Magiſtrats s'aſſemblèrent, & la populaçe, à la tête de laquelle marçhoient cinq ou ſix femmes armées de pierres, s'atrouppa devant l'hôtel de Ville, en jurant qu'ils n'épargneroient ni citoyens ni Etrangers, ſi on recevoit les françois.

Il y eût, pendant la ſéance des Magiſtrats, diverſes négotiations, & beaucoup d'ald'alleés & de venuës de la ville au faux-bourg ; enfin à dix heures du soir on se détermina à remettre une porte au Duc de Broglio, qui la fit occuper sur le champ par six Compagnies de Grénadiers.

Le reste de la nuit fut employé par les Bourguemaîtres à travailler au logement des troupes, qui devoient entrer le lendemain ; le peuple, à qui tous ces mouvemens n'apprirent que trop ce qui se passoit, passa la nuit devant l'hôtel de ville, où il renouvella ses murmures & ses menaces. Le seize, à huit heures du matin le Duc de Broglio entra, avec une Compagnie de Grénadiers seulement. Son projet étoit de marcher à l'hôtel de ville, & d'y contenir la populace, & il le remplit avec succès ; les femmes ne jurèrent plus, elles pleurèrent ; & on sait qu'une femme qui pleure touche au moment de rire.

Le tumulte étant appaisé, le Duc de Broglio signa avec les Magistrats *l'Accord* que je vais rapporter.

Article prémier : Comme l'occupation de la ville est faitte au nom de sa Majesté Imperiale, il s'entend qu'elle ne fera aucun

aucun préjudice à la liberté & immédiatéiré de la Ville & du Territoire y appartenant, & à ses priviléges.

Reponse. L'infraction de la Convention de Closter-Seiven, étant la seule raison qui oblige le Maréchal Duc de Richelieu à s'emparer de la Ville de Bremen, elle ne doit point douter que sa liberté immédiate & celle de son Territoire, ainsi que ses priviléges, ne soient conservés par sa Majesté Imperiale.

Je me propose plus bas une observation sur cette réponse au premier article.

Article second. Conséquemment, le Gouvernement, la Religion & son exércice dans les Eglises réformées, ainsi que dans le Dôme (c'est de ce nom qu'on appelle en Allemagne le principal Temple d'une ville) le Commerce tant par terre que par Eau ; l'Etat politique, Ecclesiastique & militaire de la ville, ne souffriront aucun changement.

Réponse. Accordé. Il sera même donné des gardes les jours de fêtes, pour la tranquilité du service, toutes les fois qu'elles seront demandées.

Article trois. Les passeports donnés

par

par le Sénat, tant pour les personnes que les marchandises & les hardes, seront respectés.

Réponse. Accordé.

Article quatre. Les fortifications de la Ville demeureront en l'état present, sans aucun changement.

Réponse. Si on fait quelques changemens, ce sera plûtôt pour les améliorer.

Article cinq. L'Arsenal de la Ville, ses munitions, les canons, les magazins à poudre & à bléd & les attirails de guerre, appartenants à la ville, resteront entiérement & pleinement à la ville.

Réponse. L'Arsenal, les munitions, les canons, les magazins à poudres, & le magazin à bléd, resteront à Messieurs de la ville; les clefs de l'arsenal, ainsi que celles des magazins resteront entre les mains de Messieurs les Magistrats: on y mettra seulement des gardes, pour la seureté de ce qui y est renfermé.

Article six. La ville sera dispensée de loger les troupes françaises qui y monteront la garde.

Réponse. On ne logera dans la ville que la quantité de troupes nécessaires pour

pour la ſeureté; & les Magiſtrats peuvent être certains, que toutes les précautions ſeront priſes, pour que les Logemens ne ſoient point à charge.

Article ſept. On cèdera une ou deux portes de la ville aux troupes françaiſes, qui y monteront la garde, conjointement avec celles de la ville.

Réponſe. Les troupes françaiſes monteront la garde aux portes, conjointement avec les troupes de la ville, mais à toutes les portes.

Article huit. Auſſitôt que la ſituation préſente des deux Armées dans notre voiſinage changera, les poſtes, les fauxbourgs & le territoire de la ville ſeront evacüés, ſans aucune prétention ou exécution, ſous quelque prétexte que ce ſoit.

Réponſe. Accordé, dès que les raiſons de guerre ne le demanderont plus. Cette Réponſe convient, en même tems, à l'article qui ſuit.

Article neuf. Les portes de la ville, les fauxbourgs & le territoire, ſeront evacués, dans le cas où le General de l'Armée françaiſe donnera une déclaration, qui portera, qu'il ne veut plus occuper la ville de Bremen, & qu'il la laiſſe joüir de la neutralité.

Reponſe. Répondû précédemment.

Article dix. On ne demandera à la ville ni portions, ni rations, ni ſubſtiſtances, ni chauffage; tout ſera payé en argent comptant, ſans forcer la Bourgeoiſie à la livraiſon.

Reponſe. Tout ſera payé en argent comptant par les Officiers. Pour ce qui eſt du chauffage, il ſera néceſſaire que les hotes y pourvoyent, juſqu'à ce qu'on ait fait prendre des arrangemens par les Commiſſaires.

Article onze. Une exacte diſcipline ſera obſervée parmi les troupes qui ſeront dans la ville, dans les fauxbourgs & le territoire.

Réponſe. La meilleure & la plus exacte ſera obſervée; je leur en donne ma parole d'honneur.

Article douze. Leurs Majeſtés, Impériale, & très Chrétienne, voudront bien procurer la ſeureté du Commerce, & garantir la ville & ſon territoire à la Paix prochaine en pleine Liberté & Immédiatéité,

téité, & Elles ordonneront qu'elle soit dédommagée de tout ce qu'elle a souffert pendant cette Guerre.

Réponse. Accordé.

Article treize & dernier. On n'établira dans la ville ni dans les fauxbourgs aucun hôpital.

Réponse. Accordé. On établira seulement dans un des fauxbourgs un hopital ambulant, pour donner les premiers secours aux malades & blessés, qu'on fera transporter ensuitte dans les hôpitaux de Hoya ou de Verden.

Signé LE DUC DE BROGLIO.

Au Nom du Senat, D. SCHMIDT, L GRONING, J DE MEINERTSHAGEN, J. NONNEN.

Au Nom de la Bourgeoisie, F. H. KROST, H. MEYER, PIERRE WICHELHAUSEN, ANDRE' J. TREVISANUS.

J'ai dit que le premier article de cet *Accord* me fourniroit une observation. La Regence de Berlin va voir, que les héros que j'estime le plus, sont ceux que j'épargne le moins, dès qu'il est question de la vérité attachée à l'Histoire.

L'Empereur, au Nom de qui on prenoit la ville de Bremen en dépôt, n'eſt point en Guerre avec les Hanovriens, qui faiſoient mine de s'en emparer; ainſi la poſſeſſion au nom de ſa Majeſté Impériale, étoit invalide; il faloit donc, pour conſtater la légitimité de cette poſſeſſion, que l'Empereur ne parût dans *l'Accord*, que comme Ennemi du Roi de Pruſſe, dont les troupes auroient pû occuper Bremen dans le deſſein de la livrer aux Hanovriens, ou, ce qui étoit plus ſimple, & ce que le Duc de Broglio avoit bien ſenti, il faloit tout uniment y entrer, avec les Réquiſitions ordinaires, au Nom de la France. La modération de cette Puiſſance, jointe aux circonſtances dans leſquelles on ſe trouvoit, juſtifioit cette demarche; mais je ſens, aiſément, combien l'eſprit patriotique, pour ne pas dire républicain, de ceux de Bremen, a été flatté de traiter avec un Empereur, & l'orguëil de cette ville a rectifié un Convention vicieuſe dans ſon principe.

L'Acte en queſtion ne fut pas plûtôt ſigné, que le tumulte ceſſa; les troupes entrèrent, le Bourgeois s'humaniſa, & les

les femmes devinrent beaucoup plus traitables. Le Baron de Wormser, colonel du Régiment d'Alsace, & Brigadier des Armées du Roy, eut le commendement de Bremen. On dira, sans flaterie, que cet Officier s'est comporté, dans des circonstances aussi critiques, d'une maniére qui luy a merité les regrets d'une ville qui avoit d'abord autant d'horreur pour les français que d'amour pour sa liberté. Nous reviendrons, malheureusement, dans peu, à parler de la conjoncture qui a entraîné l'évacuation de cette Place.

Le Duc de Broglio en laissant le Commendement de Bremen au Baron de Wormser, alla prendre celuy de toutes les troupes cantonnées dans les environs; position importante, qui servoit à observer les mouvemens des Hanovriens.

Pendant ce tems, la Gendarmerie, qui avoit fait une Campagne assez douce dans le Landgraviat de Hesse-Cassel, venoit de cette Province dans le Comté de Hanau. Il est fort à desirer, que ce Corps celébre par sa bravoure plus encore que par son ancienneté, agisse contre les Prussiens; ce sont là des ennemis dignes de lui. L'Etat major de ce corps celébre arriva le vingt deux dans la capitale du Comté de Hanau ; & les differentes Brigades prirent leur quartier dans les Environs.

Les commencemens du mois de Fevrier amenèrent de nouveaux Evénemens. Le Comte Turpin, qui avoit rejoint son Corps après l'expédition de Quedlinbourg, n'eut d'autre soin que de l'établir dans ses postes, tels qu'ils étoient avant son départ pour Halberstadt ; en conséquence, il avoit mis deux cent hommes du Regiment de Royal-Bavière dans Hornbourg, & un Escadron de son regiment aux ordres de Mr. de la Coste, Capitaine commendant de Royal-Bavière. Les Ennemis, pour se venger d'Halberstadt, projettoient d'enlever ce poste, qui étoit une lieue en avant de Schalden, où étoit le quartier du Comte Turpin; pour réussir dans leur projet, ils assemblèrent leur troupe sur la Bode, & marchèrent par Aschersleben, au nombre de quatre mille hommes : ils s'avancèrent jusqu'à Wettern, sur le canal; & ils partirent, vers minuit, pour tourner le poste d'Hornbourg. L'Officier qui y commendoit, fort

fort brave homme, mais peut-être trop confiant, négligea d'envoyer des patroüilles d'houzards, & Hornbourg fut entouré par les Hanovriens à cinq heures du matin; l'Infanterie parvint à y entrer, & le poſte fut bientôt ſurpris.

La nouvelle en parvint au Comte Turpin une heure après. On connait ſon activité infatiguable ; dans le moment il raſſembla toutes les troupes, & marcha avec ſon Regiment aux Ennemis: il garnit Schalden des deux Bataillons de Royal-Bavière & pouſſa quatre piquets de ce Regiment à Iſigérode, entre Schalden & Hornbourg, pour aſſurer ſa retraite, en cas qu'il eût le deſſous; il marcha, de ſa perſonne, à Hornbourg, avec cequi luy reſtoit de ſon Régiment.

A ſon approche, il vit les Ennemis incertains & les armes flottantes; l'occaſion luy parût déciſive, & il ne balança pas; & il donna ordre à Mr. de Nordmann, Lieutenant colonel de ſon Regiment, d'attaquer les Ennemis dans Hornbourg: ce qu'il fit; & bientôt ſuivi par le reſte du Regiment, il leur donna la chaſſe juſqu'à Oſterwick. Cette pourſuitte a été si vive, & faitte de si près, que les houzards de Turpin en sont venus à l'arme blanche, & ont forcé les houzards & les dragons prussiens de se jetter dans leur colonne d'Infanterie

Le colonel Salmuth, dont les Equipages avoient été pris dans cette déroute, écrivit le vingt-trois d'Halberstadt au Comte Turpin, que la caisse militaire dont ses houzards s'étoient emparés, étoit de bonne prise; on le savoit : mais qu'il rendroit un grand service au quartier-maitre du Regiment de Salmuth, s'il vouloit bien luy faire rendre ses livres de décomptes. Il finissoit sa lettre par reclamer ses Equipages, dont il offroit de rendre la valeur en argent aux houzards, suivant qu'on voudroit les évaluer. Le Comte Turpin, uniforme dans ses procédés, les renvoya, sans permettre qu'on prît de l'argent; & comme il n'étoit pas juste que les houzards fussent privés d'un butin qu'ils avoient si legitimement gagné, il les indemnisa de sa propre bourse. C'est ainsi que tous les français devroient faire la guerre.

Tandis que toutes ces choses se passoient

ent dans cette partie de l'Armée françaiſe, on tenoit des conſeils à Verſailles & à Breslau. La Cour de France, perſuadée que la ſanté du Maréchal de Richelieu devoit, abſolument, être aſſez alterée pour qu'il fût obligé de venir la rétablir en France, luy accorda ſon Rappel. Quelques autres Officiers generaux, qui ſe portoient bien, obtinrent, en même tems, le leur, qu'ils n'avoient pas demandé. Le choix du Roi très chrétien fixoit depuis quelque tems l'attention du Royaume & des Etrangers : Le peuple de Paris faiſoit ſes gazettes ; les politiques arrangeoient leurs ſpéculations, & chacun nommoit, pour remplacer le Maréchal de Richelieu, celuy pour lequel il s'intéreſſoit ; delà cette foule de bons & de mauvais choix. Louis quinze laiſſoit verbiager le peuple & travailloit à le rendre heureux, en nommant Generaliſſime de ſes Armées en Allemagne ſon Alteſſe Sereniſſime Monſeigneur le Comte de Clermont, ſi avantageuſement connû par ſon amour pour les lettres, qu'il cultive, & par ſes talens militaires dont la Flandre a été ſi ſouvent témoin dans la dernière Guerre.

Ce choix, fait par un Monarque qui ſe connait en Héros, emporta l'approbation générale. On dira même, ſans flaterie, que Vienne le vit avec plaiſir, & Londres & Berlin avec inquiétude.

Le premier ſoin du Prince, (c'eſt ainſi que je nommerai à l'avenir Monſeigneur le Comte de Clermont) fut de prendre à Paris une connoiſſance exacte de la poſition de l'Armée qu'il alloit commender, & l'état actuel de tous les Officiers generaux qui ſervoient dans cette même Armée.

Il eſt à préſumer, que le Prince ne trouva point l'Armée placée auſſi avantageuſement qu'on la luy avoit repréſenté à Paris. Les mouvemens des Ennemis n'en avoient pas changé la poſition; mais comme elle n'étoit pas ſi reſpectable qu'on l'avoit dit, le Prince ſe trouva dans un Embaras, que je dévélopperai bientôt.

Le Maréchal d'Eſtrées remit le trois Août de l'année dernière le Commendement de l'Armée Françaiſe au Maréchal de Richelieu. L'Echec que les Hanovriens avoient eſſuyé à la Journée de Haſtenbeck, les avoit contraint d'abandonner Hame-

Hamelen. On ſait que cette ville, ſituée ſur l'Hamel & le Weſer, eſt la clef de l'Electorat d'Hanovre; Hamelen pris, la Capitale tomboit néceſſairement; ainſi le Maréchal d'Eſtrées remettoit à ſon digne ſucceſſeur, une Armée victorieuſe, pleine de fatigues & de bonne volonté; les français n'en manquent jamais.

L'Objet du Maréchal de Richelieu, ainſi qu'il l'écrivit au Roi avec cette modeſtie ſi digne de luy, étoit de pourſuivre les Opérations de ſon prédeceſſeur, conformément au plan qu'il luy en avoit laiſſé. La voye étoit tracée, le Maréchal de Richelieu la ſuivit exactement; & ſans la Convention de Cloſter-Seiven, il n'y auroit pas eu le premier Octobre un ſeul Hanovrien dans les Etats de leur maitre; l'Elbe, ou les fers, il n'y avoit point d'autre alternative pour l'Armée du Duc de Cumberland.

Ce Prince n'avoit que trop ſenti ſa ſituation, quand il implora la Médiation du Roi de Dannemarck, qui ne s'eſt point comporté dans cette affaire avec cette Equité qui juſqu'ici a marqué ſon Regne. Les Hanovriens, conſternés par la ſeule

idée

idée de leur déroute totale, jurèrent de mettre bas les armes, on les crût. Qu'alors on ait eû tort ou raiſon de capituler, c'eſt ceque je n'examinerai plus, les reflexions ne réparent point un mal qui eſt fait; mais les Cours de Londres & de Berlin ne jugèrent point à propos qu'on gardât au Maréchal de Richelieu, la foi du ferment, & la violation ſuivit de près, comme on l'a remarqué plus haut.

Par ce Contretems, que la Garantie ſacrée de ſa Majeſté Danoiſe ne faiſoit pas craindre au Maréchal de Richelieu, l'Armée Françaiſe ſe trouvoit au départ de ce General dans l'état le plus critique. On a beau le chanſonner à Paris, un couplet n'eſt pas une raiſon; & dès l'inſtant que la Cour de Verſailles l'avoit autoriſé à Capituler avec le Duc du Cumberland, ſon objet avoit été rempli: la mauvaiſe foi de deux Cours ennemies, a ſeule derangé l'etendüe de ſes projets, & le diſculpe, juſqu'ici, des fautes qu'on luy impute.

Ce General partit le dix Fevrier d'Hanovre, & laiſſa, par *Interim*, le Commendement des troupes au Marquis de Ville-

Villemur, le plus ancien Lieutenant-General de cette Armée.

Le militaire & le peuple ont paru surpris, de ce que le Maréchal de Richelieu, dans une conjoncture aussi délicate, n'attendoit point l'arrivée du Prince, pour conferer avec luy; & comme une reflexion en améne une autre, l'étonnement a augmenté, quand on a vû, que la Route que le Maréchal de Richelieu avoit prise, étoit directement opposée à celle que le Prince tenoit. J'avoüe que j'ai partagé la surprise avec la multitude; mais depuis que je suis instruit des motifs qui ont éloigné cette Conference, j'ai laissé l'étonnement aux autres, & je ne me suis pas même permis le commentaire.

Pendant l'intervalle du départ du Prince à son arrivée à l'Armée, la Cour de France fit une réforme utile; elle diminua de près de moitié le nombre des Officiers Generaux de cette Armée. Si quelques mécontentemens particuliers en ont écarté plusieurs, on ne doit pas, pour cela, attribuer cette Reforme à une pareille cause, qui est bien éloignée d'être generale:

rale : il eſt prouvé, que plus il y a d'Officiers ſuperieurs dans une Armée, moins elle fait de progrès; la diſette des vivres qu'elle reſſent tôt ou tard, l'expoſe, ainſi qu'on l'a vû plus d'une fois, à perdre en huit jours les conquêtes d'une Campagne. Cet Officier - General a des Aides - de Camp, des ſecretaires, des gens; & toute cette troupe mange, conſomme, aſſez inutilement, des vivres qu'on emploiroit mieux ailleurs; vingt Officiers-Generaux de trop dans une Armée, y portent la famine, & enlèvent par jour des ſubſiſtances qui ſuffiroient à ſix Bataillons; joignez à cette remarque deux autres conſidérations, qui ne ſont pas moins eſſentielles, & vous verrez que mon obſervation eſt très juſte.

La première concerne les appointemens que le Roi donne à ces Officiers-Generaux & aux Aides - de Camp; argent conſidérable, qu'on doit répartir ſur des dépenſes indiſpenſables. L'autre Conſideration a rapport à la garde, que l'on eſt obligé de donner à chacun des Officiers - Generaux; Corvées bien fatiguantes pour le ſoldat, & toujours nuiſibles dans

dans un jour d'Affaire, attendû que les troupes qui veillent à la ſeureté des Equipages de ces Meſſieurs, ne peuvent ſe trouver au combat, & les Ennemis ſe renforcent de votre foibleſſe.

On ne doute point, que des remarques auſſi judicieuſes n'ayent été prévenües par un Prince éclairé, dont la ſagacité embraſſe tout.

Le faſte des Equipages, & la quantité de valets, eſt un embaras terrible. Le Baron de Sporcken, Lieutenant General des Hanovriens, me diſoit à Cloſter Seiven, que *l'Armée Françoiſe étoit plus forte en coureurs que celle de ſon Maître en ſoldats.*

Une autre Reflexion qu'on ne devroit point negliger de faire dans le choix des Aides-de-Camp, regarde les differens Corps d'où les Generaux les tirent: ces Officiers courrant au Brevet de Lieutenant-Colonel, quittent leurs Regimens, où ils ſeroient plus utiles, & obligent leurs camarades à ſervir pour eux; ce parti fatigue les Officiers, & les affaiblit neceſſairement.

Le Miniſtère a déja reparé une partie de cet Inconvenient, en contraignant les Offi-

Officiers attachés à l'Etat Major, de renoncer à leur Corps. Comme on affecte aujourd'huy de multiplier les Aides-de Camp, il faudra prendre ce parti avec eux, ou assujettir les Officiers-Generaux de n'en avoir que le nombre préscrit par les ordonnances. Les Etrangers, sur cet article ainsi que sur beaucoup d'autres, donnent l'exemple de la discipline aux français.

Le Prince arriva le douze à Cassel, où il confera avec le Prince de Soubise, sur la position des troupes qui occupent ce Landgraviat, & le treize son Altesse Serenissime entra dans Hanovre.

Malgré les circonstances critiques, dans lesquelles il trouva l'Armée, il porta ses premiers regards sur les abus qu'on n'avoit pû réprimer encore par des considerations honteuses, que les gens éclairés devinent, & qu'il est inutile d'apprendre aux autres.

L'ordre fut remis dans la manutention des fourages violée, depuis trop long-tems; & des exemples faits sur quelques commis, annoncèrent que le tems des pirateries étoit passé.

Pen-

Pendant que le Prince donnoit tous ses soins au retablissement du bon ordre, & de la discipline, Louis quinze remettoit le departement de la Guerre à un citoyen qui réunit la sagacité d'un ministre aux talens d'un General, & la valeur d'un soldat au merite d'un homme de Lettres. J'entens déja le Lecteur nommer le Maréchal de Belle-Isle; oüi, c'est ce grand homme toujours passionné pour le Roi & l'Etat, qui, ne considerant ni son grand âge, ni ses indispositions, nées d'un travail continu, ni enfin tous les détails immenses dont il est accablé, n'a consulté que les desirs de son maitre & le bien public, pour se charger du Ministère de la Guerre : ami de l'ordre, & fléau de ceux qui violent la discipline & la probité, il va donner une forme nouvelle au Militaire si précieux à l'Etat. Je ne sais pourquoi on a toujours mis à la tête de ce Ministère des gens de robe ; il semble qu'un guerrier, qui a servi pendant vingt ans dans les Armées, doit mieux connaitre les interêts du soldat, les détails attachés à son entretien & les besoins de la discipline, qu'un maitre des requetes, qui a dû n'étudier que les loix.

Ce n'eſt pas que le Public n'ait été très content du Miniſtère du Comte d'Argenſon & de celui du Marquis de Paulmi: des talens rares, une pénétration vaſte, des connaiſſances profondes, & un eſprit aimable ont été le partage de l'oncle & du neveu; leurs noms & leur ſervices conſacrés dans les faſtes de la Patrie, ſoutiendront avec honneur l'éclat & la gloire de leurs immortels Ayeux.

Aprés ces details, que l'amour de la vérité m'a dictés, il faut reprendre la ſuitte des Opérations des Armées.

Dans les premiers jours de Fevrier les Pruſſiens, au nombre de quatorze mille hommes, commendés par le Prince Henri de Pruſſe, s'avancèrent vers Halberſtadt avec un corps d'Artillerie; tandis, que dans le même tems, les Hanovriens s'aſſembloient en force ſur la rive droite de la Wunne.

On penſa d'abord que cette Marche n'avoit d'autre objet, que d'aſſurer leur quartier dans cette partie, & on ſe trompa; des Projets concertés à la Cour de Berlin étoient ſur le point d'éclater, toutes les hauteurs qui environnoient le pont de Burg étoient bordées de Batteries de canon,

non, & les Hanovriens avoient placé de distance en distance des tonneaux enduits de goudron, auxquels on devoit mettre le feu à la première apparition des troupes françaises, c'étoit le signal qui devoit les mettre en mouvement.

La garnison de Bremen (où le Comte de St. Germain, Lieutenant-General commendoit, depuis qu'il étoit passé dans l'Armée du Prince) & celle de Wolfenbuttel, pour lesquelles on craignoit, furent renforcées. Pour cet effet son Alt. Ser. donna ordre à une partie des Regimens, qui hivernoient dans la Westphalie, de marcher en avant.

C'est icy où je dois dire, que le Duc de Broglio vint prendre le Commendement de Cassel, que le Prince de Soubise quittoit pour aller à Versailles y prendre les Instructions relatives aux Opérations de l'Armée que le Roi très Chr. fait passer en Bohéme sous les ordres de ce Prince.

Ce General passa le dix-sept à Francfort; il s'arrêta quatre minuttes chez le Landgrave de Hesse-Rhynfeld, & de là vint conferer, à la poste, avec le Comte de Lorges, Lieutenant-General, qui arrivoit de Hanau, pour luy rendre compte de la situatuation de Hanau. J'ai peint ailleurs la Regence de cette ville; animée par celle de Caſſel, elle refuſoit conſtamment de païer les Contributions moderées auxquelles on l'avoit taxée depuis très longtems: on connait la clemence & le désintereſſement du Prince de Soubiſe; la Regence qui avoit éprouvé plus d'une fois l'une & l'autre, flattée des bruits qui couroient ſur l'approche des Pruſſiens, s'obſtinoit à annoncer une prétendüe impoſſibilité de ſatisfaire aux Impoſitions. Le Comte de Lorges prit le parti de faire fermer les portes de la ville de Hanau; cette demarche, qui arrêtoit le Commerce de cette ville que le Mein rend floriſſant, engagea les habitans à ſe plaindre à la Regence: ſon obſtination diſparut, l'Impoſſibilité ceſſa, elle commença à païer, & les portes s'oüvrirent.

On doit ajouter, que malgré l'eſprit de fermentation qui anime depuis longtems la Regence turbulente de Caſſel, elle n'a pû refuſer au Prince de Soubiſe, les juſtes regrets, qu'elle temoigna lorſqu'elle perdit le Comte de Berchini.

Tandisque les troupes françaiſes partoient de la Weſtphalie, pour renforcer les poſtes

postes qu'une partie de l'Armée occupoit sur le bas Aller; les Hanovriens marchoient d'un côté, & les Prussiens avançoient de l'autre. L'Impossibilité où l'on avoit été de rassembler promptement toute l'Armée française, détermina le Prince à faire évacuer Zell, Brunswick, Wolfenbuttel & Bremen. Les differens corps, qui avoient eu précédemment l'ordre de se porter dans cette dernière ville, se rendirent dans Osnabruck, à l'effet d'y maintenir la communication avec la Westphalie & le Bas-Rhin. L'Evacuation de Verden suivit de près celle des places dont on vient de parler. Le fort de Regenstein, qu'on avoit ravitaillé pour six mois lors de l'expedition d'Halberstadt, se rendit au premier coup de canon aux Prussiens; & dans le même tems celuy de Rothenbourg, que le Duc de Cumberland avoit élevé au mois de Juillet dernier, se soumit aux Hanovriens sans faire toute la résistance qu'il auroit pû.

Tous ces succès, que l'Eloignement des differens quartiers ne pouvoit parer, animèrent les Hanovriens; l'approche des Prussiens leur representoit le Roi qui les faisoit agir, & remplis d'un prejugé qu'il ne faut jamais ôter au soldat, ils marchoient

ent partout, certains de la victoire: si le motif de leur audace n'honoroit pas leur Souverain, elle flatoit du moins son Allié.

Le Prince Henri entra le vingt-trois dans l'Evêché d'Hildesheim, qui appartient à l'Electeur de Cologne. Il avoit pris, quelques jours auparavant, des ôtages sur les frontières, pour seureté des Contributions qu'il exigeoit.

Tandis que le Chapitre d'Hildesheim faisoit de grands argumens pour prouver au Roi de Prusse, que sa *gracieuse* Majesté n'avoit aucun droit d'entrer dans une ville neutre, les troupes de ce Monarque mettoient l'Evêché à Contribution. Ce n'est qu'un demi mal, si les sommes qu'on a tirées de ces Ecclesiastiques, ont soulagé les peuples.

L'Electeur de Cologne, dont les revenus sont immenses, a l'ame trop elevée pour ne pas indemniser l'Evêché d'Hildesheim des Contributions qu'il paye à cause de luy; on sait que le Roi de Prusse croit avoir des raisons de se plaindre de cet Electeur Ecclésiastique.

Le Prince, qui ne vouloit point exposer les parcelles de son Armée, faisoit tout replier. L'objet étôit de ne pas mettre des

corps

corps détachés en prise avec l'Armée Ennemie; Bremen, dans laquelle on s'étoit fortifié, auroit pû tenir quelque tems, mais le Comte de Saint-Germain pensant, qu'après la deffense la plus belle, il seroit forcé par les circonstances, de se rendre, ne jugea pas à propos d'exposer d'excellentes troupes à être faittes prisonnières de Guerre; instruit, d'ailleurs par le Comte de Chabot, que le Prince Ferdinand de Brunswick marchoit en force sur Bremen, il prit le parti d'évacuer, & le Prince approuva les raisons qui avoient occasionné cette resolution.

L'Evacuation commença dans le meilleur ordre du monde; pour se mettre à l'abri de la poursuitte des Hanovriens: il étoit décidé, que le detachement des Gardes-Lorraines, qui gardoient à Wildhusen le pont qui étoit sur la Hunte, le romproit aussitôt que tous les Equipages de la Garnison de Bremen auroient défilés. L'Officier qui commendoit ce détachement, exécuta fidélement les ordres que le Chevalier de la Touche, Maréchal de Camp, luy avoit donnés; mais toute sa vigilance ne put empêcher qu'un corps de Chasseurs Hanovriens, dont les gens du païs avoient favorisé le passage de la Hunte, ne prissent quelques traineurs, & ne s'emparassent de la partie des Equipages qui n'étoient point sortis à tems de Wildhusen.

LeComte deChabot tenoit encore ferme dans la petite ville de Hoya; le Prince Ferdinand de Brunswick marcha sur luy, en force, le vingt-trois: partie des Gardes-Lorraines, deux Compagnies de grénadiers, quelques piquets du Regiment de Bretagne, & un détachement du mestre de Camp dragons, formoient toute la garnison de Hoya. Selon la Relation publiéepar lesHanovriens,les français étoient de beaucoup superieurs en nombre aux Hanovriens; tandis qu'on sait, que le Prince Ferdinand de Brunswick, indépendamment des troupes legéres, avoit avec luy aumoins quatre mille hommes.

L'Attaque fut vive, & la deffense vigoureuse; le brave Comte de Chabot étoit partout; se trouvant, après un combat opiniâtre, environné de tous côtés, manquant de munitions de guerre, & prêt de succomber sous le nombre, il se retira, toujours en combattant, dans le chateau de Hoya. Les Ennemis, qui le respectent,

parce-

parcequ'ils le connaissent ; s'imaginèrent bien qu'il étoit capable de se deffendre jusqu'à la dernière extrémité, ils luy proposèrent une capitulation honorable. Le Comte de Chabot, qui manquoit de tout, l'accepta, & sortit avec tous les honneurs de la Guerre , pour se retirer luy & ses troupes sur le premier poste français.

Cette affaire, qui joint un nouvel éclat à la gloire que le Comte de Chabot s'est acquise dans cette campagne, fait beaucoup d'honneur aux troupes qui ont deffendû ce poste. Entre les Officiers qui y ont été tués, on doit nommer, avec douleur, Monsieur de Méniclés, Lieutenant Colonel du Mestre de camp, dragons, dont j'ai eu occasion de loüer plus d'une fois la valeur.

Ce jour fut fatal aux français, & les Prussiens eurent de leur côté un petit avantage; c'est une affaire de troupes legères.

Les Houssards noirs de Prusse, surprirent à Nord-Drebber le Regiment de Polerezki, aussi houzards; & comme ceux-cy étoient inferieurs en nombre, ils furent considérablement maltraités : outre une trentaine de houzards & trois Officiers tués, les Prussiens firent beaucoup de prisonniers, entre lesquels on compte Mr. de Polerezky blessé, & quatre autres Officiers.

Le vingt-sept de Prince Ferdinand de Brunswick porta son quartier à Verden. Les troupes legères avoient déja passé l'Aller, & le Prince de Holstein Gottorp, le même qui avoit ménacé le Duche d'Holstein, les avoit suivi avec le Corps qu'il commande.

La situation des affaires ne permettant plus au Prince de tenir dans la ville d'Hanovre, sans s'exposer à être coupé par les Ennemis, il en décida l'Evacuation à l'instant qu'il fut informé qu'ils avoient passé l'Aller, & le même jour vingt-sept, il fit enlever de l'arsenal tous les fusils qui y étoient; on en brisa les canons & brula les bois, les outils; & toutes les munitions de differentes espéces, qu'on ne put emporter, furent jettés dans la rivière, à la reserve d'une partie de farine, que le Prince fit distribuer aux pauvres.

Le lendemain à cinq heures du matin le Prince partit d'Hanovre, pour se porter à Hamelen; où il est encore. Il y a même apparence qu'il gardera cette position, jusqu'à ceque toute son Armée soit rassemblée, pour marcher en force sur les Ennemis, & se venger avec usure des avantages, qu'un Evénement qu'il ne pouvoit pré-

prévoir, a pu leur procurer. Les Français, toujours maîtres du Wezer, ont deja contenûs, plus d'une fois, les Hanovriens qui avoient voulû le passer; occupans, d'ailleurs, le Landgraviat de Hesse & le Comté de Hanau, ils font fortifier actuellement la capitale de cette dernière province. Apropos de Hanau; on vient de publier à Brunswick une Lettre prétendüe, dattée de cette ville, par laquelle on accuse *le Commendant de la place d'avoir exigé le dix sept Fevrier trente Kreutzer de chaque domestique, & d'avoir le lendemain, a l'issue du marché public, fait fermer les portes de la ville, pour qu'aucun païsan n'en sortit qu'il ne payât quatre Batz.*

Cette lettre, que je suis chargé de désavoüer autentiquement, est une calomnie atroce. Le Marquis des Salles se comporte avec trop de dignité pour entrer dans des details aussi petits; d'ailleurs je demande si l'Impôt qu'on ôse dire qu'il a exigé, auroit pu dans une ville comme Hanau, rassembler seulement la somme de mille francs, & cette misére pouvoit-elle cooperer à cent mille Ecus, qu'il faloit que la Regence payât.

Il est vrai que cet Officier-General, Commendant dans la Place seulement, a fait fermer les portes pendant trente six heures: mais ce n'étoit point pour tirer une contribution des païsans, qui n'avoient rien à payer pour la ville

de

de Hanau ; mais uniquement pour empêcher les membres séditieux de la Regence, de sortir de la ville, que les cent mille Ecus ne fussent acquittés. La précaution du Marquis des Salles étoit sage, puisqu'on paya le lendemain, ainsi que je l'ai observé ailleurs.

Si on n'avoit pas eu la bonté de laisser à la Regence l'administration des revenus du Prince, elle n'auroit jamais ôsé faire toutes ces tracasseries ; que diroient ces hommes, qui ôsent se plaindre, si on leur prouvoit qu'à richesses egales, l'Electorat de Hanovre, le Duché de Brunswick, le Landgraviat de Hesse-Cassel, & le Comté de Hanau n'ont pas payé aux français la dixième partie des Contributions que le Roi de Prusse a tirées de la Saxe en argent, en subsistances & autres livraisons ; encore avoüera-t-on qu'on a tiré de ces differens Païs plusieurs sommes que la Cour de Versailles n'a pas autorisées.

Le Roi de Prusse contredira cependant cette allégation, & j'ôserai prendre la liberté de la soutenir. Cet objet est une affaire de calcul : il suffit, pour le constater, de representer les regitres de tous ces Etats ; ces pièces, qui ne sont point suspectes, justifieront les verités que j'avance.

Je conviens que les français auroient passé les bornes de la modération, s'ils avoient été capables d'exiger toutes les livraisons dont des lettres

par-

particulières ont fait mention; il faut juger de ces pièces, comme de la Lettre de Hanau, qui est supposée dans tous ses points. J'ai fait punir au mois de Janvier dernier le gazetier de cette ville, qui avoit ôsé prêter des vües odieuses à la Nation j'avois pensé que cet Exemple contiendroit assez les Ecrivains de Hanau, pour qu'ils ne me donnassent plus la peine de confondre leurs calomnies. Revenons à l'Armée.

La disette des fourages faisoit d'abord craindre que le Prince ne fût forcé de passer le Wezer, pour se porter sur le Bas-Rhin, où les français ont des approvisionnemens considerables; mais on présume toujours, que, graces à la sagesse de son Altesse Serenissime, qui pare à tout, elle pourra attendre sous le canon de Hamelen les renforts qui luy arrivent tous les jours, & marcher de là aux Ennemis.

Le Camp d'Hamelen est dans une position très respectable; il a la ville à la gauche, des marais très profonds à la droite, le front est couvert de defilés bien garnis d'Artillerie; & le Wezer, sur lequel il y a cinq ponts, est environné de redoutes farcies d'Artillerie.

Malgré la rigueur de la saison & l'inferiorité du nombre, les français sont par-tout où leurs ennemis veulent paraître. On apprit le huit qu'ils ménaçòient Minden; le Prince ordonna sur le champ au Marquis d'Armentieres, Lieutenant-General, d'y marcher avec un corps de troupes, tandis que dans le même tems, le Marquis de Villemur & le Marquis de Voyer se sont portés en forces sur Hervorden, pour donner la main au Comte de Saint - Germain, qui vient joindre l'Armée avec un Corps considerable de troupes.

Toutes les dispositions du Prince font espérer, que les avantages qu'un coup de main a procurés aux Hanovriens, seront bientôt évanoüis. Les Autrichiens, auxquels quarente mille Hongrois vont se joindre, occasionneront, dans peu, une diversion, qui fera sans doute retrogarder le Prince Henri. On sait que le Roi de Prusse aime les guinées de ses Alliés; mais qu'il aime encore plus la gloire & ses Etats.

Le moment est arrivé, où toutes les Puissances, amies de l'Empire & Garantes du célebre traité de mil six cent quarente huit, doivent réunir leurs efforts, pour mettre fin à une Guerre, que les Cours de Londres & de Berlin voudroient n'avoir jamais entreprise.

On est étonné dans l'Europe, de voir plusieurs villes Impériales prendre, avec chaleur, le parti du Roi de Prusse, & faire des vœux pour ce Prince: penser ainsi, c'est fournir des armes à son Ennemi. Il est tems que j'arrache le bandeau qui aveugle une foule de partisans, qui, s'échauffant sans réflexion, ne veulent point

s'aps'apperçevoir, que la liberté du Corps germanique est alterée par les Invasions réiterées du Roi de Prusse, & qu'en désirant que ce Monarque triomphe, ils souhaitent leur propre ruine. Si malheureusement Frederic venoit à se rendre maître d'une de ces villes Impériales, où les citoyens, enivrés de fausses idées, font des vœux pour la prospérité de ses armes, on les verroit changer de langage, quand ce Prince, ne consultant que ses seuls interêts, exigeroit d'eux des contributions exorbitantes.

La *Liberté* des villes Impériales leur donne les droits glorieux de battre monnoye, de se gouverner & de se garder elles-mêmes; mais ces attributs flateurs ne peuvent les soustraire au Chef de l'Empire; & agir contrairement aux Interêts de l'Empereur, c'est se rendre coupable au-moins d'infidélité.

On a raison d'être surpris, de voir les citoyens de ces villes libres, rangés du Parti du Roi de Prusse, & fournir des hommes & de l'argent contre luy: cette contradiction n'est pas la seule que presente la conduitte de plusieurs d'entre elles; les excés iroient plus loin, si la sage administration des Regences n'en arrêtoit le cours.

Qu'on admire Frederic, c'est un sentiment que toutes les Nations civilisées auront de commun avec les Autrichiens & les Français; mais que

que cette admiration n'aille pas jusqu'à l'indécence : il est des devoirs qu'on doit remplir ; tout citoyen qui s'en écarte, manque à la probité.

D'ailleurs on ne sauroit assez repeter, que l'Empire est en danger ; on n'a que trop prévû cequi seroit arrivé, si la sollicitude paternelle de l'auguste Prince qui gouverne aujourd'huy l'Empire avec tant de sagesse, n'avoit requis les secours de la France & de la Suede, Garans sacrés du Traité de Westphalie, tant de fois violé par le Roi de Prusse.

Il resulte de tout ceque je viens de dire, que les succès des troupes Impériales & françaises doivent seuls intéresser les Villes libres de l'Allemagne. Tandis qu'on arme pour soutenir les priviléges de leur Etat, & deffendre leurs possessions, doivent-elles autoriser des vœux, qui tendent à leur propre destruction ? mais tel est le propre de Frederic ; il enchaîne les cœurs de ceux-mêmes qu'il menace ! puisse-t-il bientôt nous faire oublier les malheurs dont il remplit la Terre, & nous montrer, dans le sein d'une paix durable, l'Ami de l'Humanité & le Pere des Arts !

FIN.

AVIS.

La Suite paroîtra dans trois mois.

BIBLIOTHÈQUE R.F. IMPRIMÉS

12

www.ingramcontent.com/pod-product-compliance
Ingram Content Group UK Ltd.
Pitfield, Milton Keynes, MK11 3LW, UK
UKHW020345250726
13967UKWH00005B/2124

9 782013 051347